Haustiere

Wieso Weshalb Warum

Mit Illustrationen und Text
von Kyrima Trapp

Ravensburger

Warum wünscht du dir ein Haustier?

Ein Haustier ist ein Freund und ein weiteres Mitglied deiner Familie. Es ist immer da und freut sich, wenn es dich sieht oder du nach Hause kommst. Du kannst mit ihm viel Spaß haben. Mit einem Haustier wird es also nie langweilig.

Was braucht dein Haustier?

Bevor du dich für ein Tier entscheidest, solltest du dich fragen, ob du es nur beobachten oder auch mit ihm schmusen und spielen möchtest.

Jedes Haustier braucht unterschiedlich viel Platz. Jeden Tag solltest du dir mindestens eine Stunde Zeit für dein Tier nehmen – für Hunde und Katzen sogar noch mehr.

Woher bekommst du dein Tier?

Es gibt verschiedene Orte, wo du dir dein Haustier aussuchen kannst.

In einer Zoohandlung kannst du dir Kleintiere wie Vögel, Fische, Mäuse, Meerschweinchen und Kaninchen anschauen und kaufen. Außerdem gibt es dort gleich das passende Zubehör wie Näpfe, Tränken und Futter. Sogar das richtige Spielzeug für dein Haustier findest du hier.

Züchter spezialisieren sich auf bestimmte Tierarten.

Im Tierheim leben Hunde und Katzen, Kaninchen, Meerschweinchen und andere Kleintiere, die abgegeben wurden, weil sie niemand mehr haben wollte.

Was macht deinem Hund Spaß?

Ein Hund möchte am liebsten überall dabei sein. Besonders liebt er es, draußen mit dir zu rennen, zu toben und zu spielen.

Wie verstehst du dein Haustier?

Durch seine Körpersprache und Laute zeigt dir ein Haustier, wie es sich fühlt. Beobachte es genau, dann findest du heraus, was es dir sagen möchte.

Ein ängstlicher Hund macht sich mit eingeklemmtem Schwanz klein.

Ein schwanzwedelnder Hund freut sich, dich zu sehen.

Wenn sich die Katze duckt, dann möchte sie spielen.

Hat die Katze Angst, macht sie sich mit gesträubtem Fell ganz groß.

Einen Hamster kannst du nur abends richtig beobachten, weil er dann erst wach wird. Lass ihn in Ruhe schlafen, wenn er in seinem Haus liegt. Sobald er wach ist, kannst du ihn auch streicheln.

Meerschweinchen quieken, wenn sie sich fürchten, wenn sie aufgeregt sind oder um sich mit Artgenossen zu verständigen. Sind sie zufrieden, glucksen sie. Ein Kaninchen duckt sich auf den Boden, wenn es Angst hat.

Was können Tiere lernen?

Einigen Tieren kannst du etwas beibringen, anderen dagegen nicht. Hunde sind die lernfähigsten Haustiere. Mit viel Geduld, Übung und Lob kannst du deinen Hund dazu erziehen, dir aufs Wort zu gehorchen.

In einer Welpenschule lernt ein junger Hund beim Spielen und Toben, wie er sich anderen Welpen gegenüber verhalten soll.

Manche Vögel können sogar
lernen, Wörter nachzuahmen.

Malseite

Langweilen sich Haustiere?

Auch Tieren kann es langweilig werden, genau wie dir.

Wie fast alle Haustiere brauchen auch Vögel einen Artgenossen als Spielkameraden.
Wenn du jeden Tag mit ihnen sprichst, fühlen sie sich wohl.

Meerschweinchen freuen sich, wenn sie auch mal im Zimmer oder im Garten herumlaufen dürfen.

Fast jedes Tier freut sich über ein paar Streicheleinheiten. Wenn eine Katze anfängt zu schnurren, fühlt sie sich wohl.

Müssen Tiere auch zum Arzt?

Dein Haustier muss zum Arzt, sobald es krank wird. Zum Beispiel dann, wenn es sich anders benimmt als sonst oder nicht mehr frisst.

Der Tierarzt untersucht und behandelt das kranke oder verletzte Tier. Er hört es ab, schaut ihm ins Maul und misst die Temperatur. Danach verschreibt er das passende Medikament. Hunde und Katzen müssen jedes Jahr zur Vorsorgeuntersuchung.

Wo gehen Haustiere aufs Klo?

Auch dein Haustier muss mal. Ein Hund muss mindestens dreimal am Tag nach draußen, egal bei welchem Wetter. Dort verrichtet er sein Geschäft. Dabei hinterlässt er Duftmarken, die anderen Hunden zeigen, dass er da war.

Nagetiere suchen sich im Käfig eine bestimmte Ecke, in die sie pieseln und köteln. Dieser Platz muss mehrmals in der Woche gesäubert werden.

Vögel lassen ihre Kötel einfach fallen, egal wo sie gerade sitzen. Darum ist es wichtig, den Trog für Futter und Wasser so aufzuhängen, dass kein Kot hineinfällt. Einmal in der Woche solltest du den Vogelsand auswechseln und den Käfig sauber machen.

Malseite

Weitere Informationen unter:
www.WiesoWeshalbWarum.com

Ein weiteres Thema – mit tollen Bildern
und spannenden Klappen – findest du in
„Wir entdecken die Ritterburg“ aus der Reihe
Wieso? Weshalb? Warum?